The Panda Who Learned To Dance: Bilingual Norwegian-English Stories for Kids

Pomme Bilingual

Published by Pomme Bilingual, 2024.

While every precaution has been taken in the preparation of this book, the publisher assumes no responsibility for errors or omissions, or for damages resulting from the use of the information contained herein.

THE PANDA WHO LEARNED TO DANCE: BILINGUAL NORWEGIAN-ENGLISH STORIES FOR KIDS

First edition. July 8, 2024.

Copyright © 2024 Pomme Bilingual.

ISBN: 979-8227358073

Written by Pomme Bilingual.

Table of Contents

Bestefar og Den Magiske Lefsa

Bestefar Lars var en litt rar, men veldig elsket mann. Han hadde et hvitt skjegg som strakk seg nesten ned til magen og en hatt som alltid satt litt skjevt. Bestefar bodde i et koselig lite hus på toppen av en ås, og hver gang barnebarna, Ida og Jonas, kom på besøk, visste de at det ventet eventyr.

En solrik sommerdag bestemte Ida og Jonas seg for å overnatte hos bestefar. De visste at bestefar alltid hadde noe spennende på gang. Denne gangen var det et gammelt familieoppskrift på lefse som skulle tilberedes. Bestefar hadde snakket om denne lefsa i årevis, men ingen hadde noensinne smakt den.

"Er dere klare for å oppdage hemmeligheten bak verdens beste lefse?" spurte bestefar med et glimt i øyet.

"Ja!" ropte Ida og Jonas i kor.

Bestefar førte dem til kjøkkenet, som allerede var dekket av mel, bakeboller og ruller. Bestefar tok fram en gammel kokebok med falmede sider og mystiske tegn. "Denne oppskriften har blitt gitt videre fra generasjon til generasjon," sa han og slo opp en side som så ut som den hadde blitt brukt tusen ganger.

"Det første vi trenger er litt magisk mel," sa bestefar og plukket opp en liten pose med glitrende mel. "Og en dash med fantasimelk," fortsatte han og helte melk fra en flaske som så ut som den var laget av regnbuens farger.

Ida og Jonas fniste mens de blandet ingrediensene. De elsket hvordan bestefar alltid gjorde ting magiske. Etter å ha rullet ut deigen og stekt lefsene, satte bestefar fram tre stoler ved bordet.

"Før vi smaker, må vi si den magiske lefsebesvergelsen," sa bestefar alvorlig. Han hevet hendene over lefsene og begynte å mumle ord på et språk de aldri hadde hørt før.

Plutselig begynte lefsene å gløde. De fløt opp i luften og roterte sakte. Ida og Jonas stirret med store øyne. "Hva skjer, bestefar?" spurte Jonas spent.

"Det er hemmeligheten til den magiske lefsa," sa bestefar. "Den bringer fram minner og tar deg med på reiser du aldri har vært på før."

De tre tok hver sin lefse, og med et første bitt ble verden rundt dem forvandlet. Ida følte seg plutselig som en prinsesse i et slott laget av sjokolade, mens Jonas var en modig ridder som kjempet mot drager laget av marshmallows.

Bestefar satt og smilte, betraktet barnebarna sine som levde ut deres ville fantasier. Han visste at den magiske lefsa ikke bare smakte godt, men også kunne åpne dører til fantasiverdener. Og viktigst av alt, det bandt dem sammen som familie.

Da de endelig kom tilbake til virkeligheten, satt de der med smuler rundt munnen og store smil. "Bestefar, dette var den beste lefsen noensinne!" sa Ida.

Bestefar lo. "Jeg er glad dere likte den. Men husk, hemmeligheten til magien er kjærlighet og fantasi. Så lenge vi har det, vil vi alltid ha magiske lefser."

Den natten sov Ida og Jonas med hoder fulle av fantastiske drømmer. Bestefar Lars trakk teppet over dem og hvisket stille, "Sov godt, mine små eventyrere. Morgendagen bringer nye magiske oppskrifter."

Grandpa and the Magical Lefse

Grandpa Lars was a bit peculiar, but very beloved. He had a white beard that reached almost to his belly and a hat that always sat slightly askew. Grandpa lived in a cozy little house on top of a hill, and whenever his grandchildren, Ida and Jonas, came to visit, they knew adventure awaited.

One sunny summer day, Ida and Jonas decided to spend the night at Grandpa's. They knew Grandpa always had something exciting in store. This time, it was an old family recipe for lefse that was to be prepared. Grandpa had talked about this lefse for years, but no one had ever tasted it.

"Are you ready to discover the secret behind the world's best lefse?" Grandpa asked with a twinkle in his eye.

"Yes!" Ida and Jonas shouted in unison.

Grandpa led them to the kitchen, which was already covered in flour, mixing bowls, and rolling pins. Grandpa took out an old cookbook with faded pages and mysterious symbols. "This recipe has been passed down from generation to generation," he said, opening to a page that looked like it had been used a thousand times.

"The first thing we need is a bit of magical flour," Grandpa said, picking up a small bag of glittering flour. "And a dash of fantasy milk," he continued, pouring milk from a bottle that looked like it was made of rainbow colors.

Ida and Jonas giggled as they mixed the ingredients. They loved how Grandpa always made things magical. After rolling out the dough and cooking the lefse, Grandpa set up three chairs at the table.

"Before we taste, we must say the magical lefse incantation," Grandpa said solemnly. He raised his hands over the lefse and began to mumble words in a language they had never heard before.

Suddenly, the lefses began to glow. They floated up into the air and slowly rotated. Ida and Jonas stared with wide eyes. "What's happening, Grandpa?" Jonas asked excitedly.

"It's the secret of the magical lefse," Grandpa said. "It brings forth memories and takes you on journeys you've never been on before."

The three of them took a lefse each, and with the first bite, the world around them transformed. Ida suddenly felt like a princess in a castle made of chocolate, while Jonas was a brave knight fighting dragons made of marshmallows.

Grandpa sat back and smiled, watching his grandchildren live out their wildest fantasies. He knew the magical lefse not only tasted good but also opened doors to worlds of imagination. And most importantly, it bound them together as a family.

When they finally returned to reality, they sat there with crumbs around their mouths and big smiles. "Grandpa, this was the best lefse ever!" Ida said.

Grandpa laughed. "I'm glad you liked it. But remember, the secret to the magic is love and imagination. As long as we have that, we'll always have magical lefse."

That night, Ida and Jonas slept with heads full of fantastic dreams. Grandpa Lars tucked the blanket over them and whispered softly, "Sleep well, my little adventurers. Tomorrow brings new magical recipes."

Den Usynlige Kaninen

Det var en gang en liten gutt som het Emil. Han var ni år gammel og bodde i en liten by ved kysten. Emil hadde en livlig fantasi og elsket å finne på historier om alt og alle rundt seg. En dag, mens han lekte i hagen, skjedde det noe helt uventet.

Emil hadde akkurat gravd et lite hull under den gamle epletreet da han hørte en merkelig lyd. Det hørtes ut som fnising, men han kunne ikke se noen rundt seg. "Hvem er det?" ropte han og så seg rundt. Ingen svarte.

Plutselig begynte det å regne konfetti over hodet hans. "Hva i all verden?" Emil kikket opp og så en liten, usynlig skapning. Den eneste grunnen til at han kunne se den, var på grunn av konfettien som satt fast i pelsen dens.

"Hei, jeg heter Casper," sa skapningen, som nå var delvis synlig.

Emil gned øynene sine. "Er du... en kanin?"

"Ja, det stemmer!" sa Casper. "Jeg er en usynlig kanin, og jeg har et stort problem. Kan du hjelpe meg?"

Emil, som var veldig nysgjerrig, nikket. "Selvfølgelig! Hva trenger du hjelp med?"

Casper forklarte at han hadde mistet sin magiske gullgulrot, og uten den ville han forbli usynlig for alltid. "Den ble stjålet av den slemme heksa Grusella," sa han med et skjelvende stemme.

Emil var ikke redd. Han elsket eventyr og så dette som en mulighet til å oppleve et ekte. "Vi skal finne den gullgulroten for deg, Casper. Jeg lover!"

Casper og Emil satte av gårde på sin ferd. De måtte gjennom den mørke skogen, over den dype dalen og til slutt nådde de Grusellas skumle slott. Veien var full av hindringer, og de møtte mange rare skapninger på sin vei.

Først møtte de en pratende frosk som ga dem en nøkkel. "Denne nøkkelen vil åpne døren til heksas slott, men pass dere for hennes onde katter," advarte frosken.

Da de nærmet seg slottet, snakket Casper og Emil om alt de skulle gjøre når de fikk tilbake gullgulroten. "Jeg skal bli synlig igjen, og vi kan leke hver dag!" sa Casper entusiastisk.

De brukte nøkkelen og kom seg inn i slottet. Det var mørkt og kaldt, og de kunne høre heksas onde latter et sted langt unna. Emil fant et lysende spor som ledet dem til et rom fylt med skinnende objekter. Midt i rommet lå den magiske gullgulroten.

Men rett før Emil kunne ta den, hoppet heksas katter foran ham. "Du vil aldri få tak i den!" freste en av kattene.

Emil og Casper måtte tenke raskt. Emil husket historiene om heksas svakhet: hun elsket gåter. "Hvis jeg kan stille deg en gåte som du ikke klarer å svare på, får jeg ta med gullgulroten," sa Emil til katten.

Katten lo hånlig. "Greit, prøv meg!"

Emil tenkte lenge og hardt før han sa: "Hva blir våtere jo mer det tørker?"

Katten tenkte, og tenkte, men klarte ikke å komme på svaret. Til slutt måtte den gi opp. "En klut!" sa Emil triumferende.

Kattene ble sinte, men de måtte holde avtalen. Emil tok gullgulroten og løp tilbake til Casper. De rømte fra slottet og kom seg trygt hjem.

Da Casper tok på gullgulroten, ble han sakte synlig igjen. Han var en søt, liten kanin med store, brune øyne og myk, hvit pels.

"Vi klarte det!" ropte Emil. "Nå kan vi være sammen hver dag."

Casper smilte bredt. "Takk, Emil. Du er den beste vennen noen kan ønske seg."

Og slik ble Emil og Casper bestevenner for livet, og hver dag var et nytt eventyr.

The Invisible Rabbit

Once upon a time, there was a little boy named Emil. He was nine years old and lived in a small town by the coast. Emil had a vivid imagination and loved making up stories about everything and everyone around him. One day, while playing in the garden, something completely unexpected happened.

Emil had just dug a small hole under the old apple tree when he heard a strange sound. It sounded like giggling, but he couldn't see anyone around. "Who is it?" he shouted, looking around. No one answered.

Suddenly, it started raining confetti over his head. "What in the world?" Emil looked up and saw a small, invisible creature. The only reason he could see it was because of the confetti stuck in its fur.

"Hi, my name is Casper," said the creature, now partially visible.

Emil rubbed his eyes. "Are you... a rabbit?"

"Yes, that's right!" said Casper. "I'm an invisible rabbit, and I have a big problem. Can you help me?"

Emil, who was very curious, nodded. "Of course! What do you need help with?"

Casper explained that he had lost his magical golden carrot, and without it, he would remain invisible forever. "It was stolen by the wicked witch Grusella," he said with a trembling voice.

Emil was not afraid. He loved adventures and saw this as an opportunity to experience a real one. "We'll find the golden carrot for you, Casper. I promise!"

Casper and Emil set off on their journey. They had to go through the dark forest, over the deep valley, and finally reached Grusella's spooky castle. The path was full of obstacles, and they met many strange creatures along the way.

First, they met a talking frog who gave them a key. "This key will open the door to the witch's castle, but beware of her evil cats," warned the frog.

As they approached the castle, Casper and Emil talked about everything they would do when they got the golden carrot back. "I'll be visible again, and we can play every day!" said Casper enthusiastically.

They used the key and entered the castle. It was dark and cold, and they could hear the witch's evil laughter somewhere far away. Emil found a glowing trail that led them to a room filled with shiny objects. In the middle of the room lay the magical golden carrot.

But just before Emil could take it, the witch's cats jumped in front of him. "You'll never get it!" hissed one of the cats.

Emil and Casper had to think quickly. Emil remembered stories about the witch's weakness: she loved riddles. "If I can ask you a riddle that you can't answer, I get to take the golden carrot," Emil said to the cat.

The cat laughed mockingly. "Fine, try me!"

Emil thought long and hard before he said, "What gets wetter the more it dries?"

The cat thought and thought but couldn't come up with the answer. Finally, it had to give up. "A towel!" said Emil triumphantly.

The cats were angry, but they had to keep their promise. Emil took the golden carrot and ran back to Casper. They escaped from the castle and got home safely.

When Casper touched the golden carrot, he slowly became visible again. He was a cute little rabbit with big, brown eyes and soft, white fur.

"We did it!" shouted Emil. "Now we can be together every day."

Casper smiled broadly. "Thank you, Emil. You are the best friend anyone could wish for."

And so, Emil and Casper became best friends for life, and every day was a new adventure.

Pandaen som Lærte å Danse

Det var en gang en liten panda som het Ping. Ping bodde i en frodig bambusskog langt borte fra byens kjas og mas. Han var en sjenert liten fyr, alltid litt nervøs når han måtte møte andre dyr. Mens de andre pandaene lekte og klatret i trærne, foretrakk Ping å sitte alene og lese bøker om eventyr og magi.

En dag hørte Ping om en stor fest som skulle holdes i skogen. Alle dyrene var invitert, og det skulle være dans, musikk og masse god mat. Ping følte seg delt. Han ønsket å dra, men tanken på å danse foran andre gjorde ham nervøs.

Moren hans, en klok og vennlig panda, så bekymringen i øynene hans. "Ping, du trenger ikke å være redd," sa hun. "Festene er for å ha det gøy og være sammen med venner. Du trenger ikke å være den beste danseren, bare vær deg selv."

Men Ping kunne ikke riste av seg angsten. "Hva om jeg gjør noe galt? Hva om de andre ler av meg?" tenkte han. Han bestemte seg for å finne et sted hvor han kunne øve i fred. Han husket en gammel hule langt inne i skogen som kunne være perfekt for dette.

Neste dag, med solen skinnende høyt på himmelen, tok Ping modig veien til hulen. Han fant et flatt område og begynte å øve noen enkle dansetrinn. Først følte han seg klosset, men etter hvert som han prøvde mer, begynte han å få taket på det. Snart danset han som vinden, lett og elegant.

Plutselig hørte Ping en lyd. Han stoppet og kikket rundt, hjertet bankende fort. Til hans overraskelse dukket det opp en liten ape med store, nysgjerrige øyne. "Hei! Jeg så deg danse. Du er fantastisk!" sa apen begeistret.

Ping ble rød i ansiktet. "Takk, men jeg er bare en nybegynner. Jeg er fortsatt veldig sjenert."

"Vel, jeg heter Bobo, og jeg elsker å danse også! Hva med at vi øver sammen?" foreslo apen.

Ping nølte, men Bobo hadde et så smittende smil at han ikke kunne si nei. De begynte å danse sammen, og Ping oppdaget at det var mye morsommere å øve med en venn. Bobo lærte ham nye trinn og viste ham hvordan han kunne slappe av og nyte musikken.

Dagene gikk, og Ping og Bobo ble bestevenner. Hver dag møttes de i hulen for å danse og le sammen. Pings selvtillit vokste, og han begynte å glede seg til den store festen.

Endelig kom dagen for festen. Skogen var pyntet med fargerike blomster og lanterner. Dyrene samlet seg, og musikken begynte å spille. Ping sto i utkanten, nervøs, men klar. Bobo kom bort til ham og tok hånden hans. "Kom igjen, Ping. Vi skal ha det gøy!"

Med Bobo ved sin side gikk Ping ut på dansegulvet. Han husket alt han hadde lært og begynte å bevege seg til rytmen. Til sin overraskelse så han at de andre dyrene smilte og heiet på ham. De syntes virkelig at han var en god danser!

Ping slappet av og begynte å nyte dansen. Han følte seg fri og lykkelig, og den tidligere angsten var borte. Han og Bobo danset til solen gikk ned, og da natten falt på, var Ping fylt med en følelse av stolthet og glede.

"Du gjorde det, Ping!" sa Bobo og ga ham en stor klem. "Du er ikke sjenert lenger."

Ping smilte bredt. "Takk, Bobo. Jeg kunne ikke ha gjort det uten deg."

Fra den dagen var Ping kjent som den beste danseren i skogen. Men viktigst av alt, han lærte at det å være seg selv og ha gode venner var det som virkelig betydde noe.

Og hver gang det var en fest, var Ping den første til å danse, med Bobo ved sin side, alltid klar for nye eventyr.

The Panda Who Learned to Dance

O nce upon a time, there was a little panda named Ping. Ping lived in a lush bamboo forest far away from the hustle and bustle of the city. He was a shy little fellow, always a bit nervous when he had to meet other animals. While the other pandas played and climbed trees, Ping preferred to sit alone and read books about adventures and magic.

One day, Ping heard about a big party that was going to be held in the forest. All the animals were invited, and there would be dancing, music, and lots of delicious food. Ping felt torn. He wanted to go, but the thought of dancing in front of others made him anxious.

His mother, a wise and kind panda, saw the worry in his eyes. "Ping, you don't need to be afraid," she said. "Parties are for having fun and being with friends. You don't have to be the best dancer, just be yourself."

But Ping couldn't shake off his anxiety. "What if I do something wrong? What if the others laugh at me?" he thought. He decided to find a place where he could practice in peace. He remembered an old cave deep in the forest that would be perfect for this.

The next day, with the sun shining high in the sky, Ping bravely made his way to the cave. He found a flat area and started practicing some simple dance steps. At first, he felt clumsy, but as he tried more, he began to get the hang of it. Soon he was dancing like the wind, light and graceful.

Suddenly, Ping heard a sound. He stopped and looked around, his heart pounding. To his surprise, a small monkey with big, curious eyes appeared. "Hi! I saw you dancing. You're amazing!" said the monkey excitedly.

Ping blushed. "Thank you, but I'm just a beginner. I'm still very shy."

"Well, my name is Bobo, and I love to dance too! How about we practice together?" suggested the monkey.

Ping hesitated, but Bobo had such an infectious smile that he couldn't say no. They started dancing together, and Ping discovered that it was much more fun to practice with a friend. Bobo taught him new steps and showed him how to relax and enjoy the music.

Days went by, and Ping and Bobo became best friends. Every day they met in the cave to dance and laugh together. Ping's confidence grew, and he began to look forward to the big party.

Finally, the day of the party arrived. The forest was decorated with colorful flowers and lanterns. The animals gathered, and the music started to play. Ping stood on the edge, nervous but ready. Bobo came over to him and took his hand. "Come on, Ping. Let's have fun!"

With Bobo by his side, Ping stepped onto the dance floor. He remembered everything he had learned and began to move to the rhythm. To his surprise, he saw that the other animals were smiling and cheering for him. They really thought he was a good dancer!

Ping relaxed and began to enjoy the dance. He felt free and happy, and his previous anxiety was gone. He and Bobo danced until the sun went down, and as night fell, Ping was filled with a sense of pride and joy.

"You did it, Ping!" said Bobo, giving him a big hug. "You're not shy anymore."

Ping smiled widely. "Thank you, Bobo. I couldn't have done it without you."

From that day on, Ping was known as the best dancer in the forest. But most importantly, he learned that being himself and having good friends was what really mattered.

And every time there was a party, Ping was the first to dance, with Bobo by his side, always ready for new adventures.

Den Muntre Maskoten

Det var en gang en gutt som het Leo. Han var ti år gammel og bodde i en liten by ved havet. Leo elsket å spille fotball, men han var ikke den beste på laget sitt. Faktisk var han ofte den som satt på benken og heiet på de andre. Han ønsket så sterkt å bidra, men hver gang han fikk en sjanse, følte han seg usikker og nervøs.

En dag bestemte treneren at laget trengte en maskot for å gi dem ekstra motivasjon. "En maskot som kan bringe glede og entusiasme til laget," sa treneren. "Hvem vil melde seg frivillig?"

Leo tenkte at dette kanskje kunne være hans mulighet til å bidra. Han rakte opp hånden. "Jeg kan være maskot," sa han litt nølende.

Treneren smilte. "Det er en flott idé, Leo! Hva med at du lager din egen maskotdrakt og overrasker oss på neste kamp?"

Leo visste ikke helt hvor han skulle begynne, men han bestemte seg for å bruke fantasien. Han gikk hjem og begynte å samle materialer: gamle tepper, fargerike stoffbiter og massevis av lim. Etter mange timer med klipping og liming, hadde han laget en utrolig morsom drakt. Den var en blanding av en løve og en klovn, med stor manke og en rød nese som lyste opp når han trykket på den.

Dagen for kampen kom, og Leo var nervøs. Han hadde aldri vært midtpunktet før. Men da han så lagkameratene sine, visste han at han måtte gjøre sitt beste for dem. Han tok på seg drakten og gikk ut på banen.

Publikum begynte å le og klappe da de så den morsomme maskoten. Leo begynte å hoppe rundt, vifte med armene og gjøre grimaser. Lagkameratene hans begynte å le og rope hans navn. "Gå, Leo! Du er den beste maskoten noensinne!"

Noe magisk skjedde. Leos selvtillit vokste med hvert smil og hvert heiarop. Han følte seg sterkere og lykkeligere enn noen gang før. I pausen bestemte treneren seg for å la Leo spille i andre omgang.

"Leo, du har gjort en fantastisk jobb som maskot. Nå vil jeg at du skal vise oss hva du kan på banen," sa treneren og klappet ham på skulderen.

Leo nikket, tok av seg maskotdrakten og løp ut på banen. Han følte seg lettere og raskere enn før. Med hodet hevet og hjertet fullt av mot, spilte han sitt livs kamp. Han scoret til og med et mål, og publikum jublet høyere enn noensinne.

Etter kampen løp lagkameratene hans bort til ham og løftet ham opp på skuldrene deres. "Leo, du er vår helt!" ropte de.

Leo smilte og kjente tårene presse på. "Takk, alle sammen. Jeg kunne ikke gjort det uten dere."

Fra den dagen var Leo kjent som den muntre maskoten som ga laget sitt håp og glede. Han fortsatte å spille fotball, men han glemte aldri hvor mye det betydde å bringe glede til andre.

The Cheerful Mascot

Once upon a time, there was a boy named Leo. He was ten years old and lived in a small town by the sea. Leo loved to play football, but he wasn't the best on his team. In fact, he was often the one sitting on the bench, cheering on the others. He wanted so badly to contribute, but every time he got a chance, he felt unsure and nervous.

One day, the coach decided that the team needed a mascot to give them extra motivation. "A mascot that can bring joy and enthusiasm to the team," said the coach. "Who wants to volunteer?"

Leo thought that this might be his chance to contribute. He raised his hand. "I can be the mascot," he said a little hesitantly.

The coach smiled. "That's a great idea, Leo! How about you make your own mascot costume and surprise us at the next game?"

Leo didn't quite know where to start, but he decided to use his imagination. He went home and started gathering materials: old blankets, colorful fabric scraps, and lots of glue. After many hours of cutting and gluing, he had created an incredibly funny costume. It was a mix of a lion and a clown, with a big mane and a red nose that lit up when he pressed it.

The day of the game came, and Leo was nervous. He had never been the center of attention before. But when he saw his teammates, he knew he had to do his best for them. He put on the costume and walked onto the field.

The crowd began to laugh and clap when they saw the funny mascot. Leo started hopping around, waving his arms and making faces. His teammates began to laugh and shout his name. "Go, Leo! You're the best mascot ever!"

Something magical happened. Leo's confidence grew with every smile and every cheer. He felt stronger and happier than ever before. During the break, the coach decided to let Leo play in the second half.

"Leo, you've done an amazing job as the mascot. Now I want you to show us what you can do on the field," said the coach, patting him on the shoulder.

Leo nodded, took off the mascot costume, and ran onto the field. He felt lighter and faster than before. With his head held high and his heart full of courage, he played the game of his life. He even scored a goal, and the crowd cheered louder than ever.

After the game, his teammates ran over to him and lifted him up on their shoulders. "Leo, you're our hero!" they shouted.

Leo smiled and felt tears welling up. "Thank you, everyone. I couldn't have done it without you."

From that day on, Leo was known as the cheerful mascot who gave his team hope and joy. He continued to play football, but he never forgot how much it meant to bring joy to others.

Den Magiske Hatten

Det var en gang en gutt som het Emil. Emil var en nysgjerrig og eventyrlysten tiåring som elsket å utforske skogen rundt huset sitt. En solfylt dag bestemte han seg for å gå på en ny oppdagelsesferd. Med ryggsekken full av mat og en vannflaske, la han ut på stien som førte dypt inn i skogen.

Emil vandret i flere timer, og til slutt kom han til et område han aldri hadde sett før. Midt i en lysning sto et gammelt, forfallent hus. Døren sto på gløtt, og Emil følte seg umiddelbart trukket til det mystiske stedet. Han visste at han ikke burde gå inn, men nysgjerrigheten hans tok overhånd.

Han åpnet døren forsiktig og gikk inn. Inne i huset var det mørkt og støvete, men han kunne skimte noe som lyste i et hjørne. Da han nærmet seg, så han en gammel hatt stå på en pidestall. Det var en svart flosshatt med en bred kant og et skinnende bånd rundt.

Emil rakte ut hånden og tok opp hatten. I det øyeblikket han satte den på hodet, følte han en merkelig kribling i hele kroppen. Plutselig begynte alt rundt ham å forandre seg. Møblene i huset ble til gyldne trær, veggene forsvant og han sto plutselig midt i en magisk skog fylt med glitrende lys og dansende feer.

"Velkommen til den magiske skogen!" hørte han en stemme si. Han snudde seg og så en liten fe med glitrende vinger sveve foran ham. "Jeg heter Lila. Hvem er du?"

"Jeg heter Emil," svarte han, fortsatt litt forbløffet over det som hadde skjedd. "Hvor er jeg?"

"Du er i en verden skapt av den magiske hatten du har på deg," forklarte Lila. "Denne hatten har kraften til å transportere deg til fantastiske steder og gi deg utrolige opplevelser."

Emil kunne ikke tro hva han hørte. Han følte seg både spent og litt redd på samme tid. "Hva gjør jeg her da?"

"Du er valgt til å være vår beskytter," sa Lila. "Den magiske skogen er truet av en ond trollmann som ønsker å ta all magien for seg selv. Vi trenger din hjelp for å stoppe ham."

Emil, som alltid hadde drømt om å være en helt, følte en bølge av mot. "Hva må jeg gjøre?" spurte han.

Lila forklarte at trollmannen hadde stjålet den magiske krystallen som holdt skogen i balanse. Uten krystallen ville skogen visne og dø. "Vi må finne krystallen og bringe den tilbake før det er for sent."

Emil og Lila satte ut på en farlig reise gjennom den magiske skogen. De måtte krysse elver, klatre i fjell og unngå trollmannens onde skapninger. På veien møtte de mange utfordringer, men med hver utfordring vokste Emils mot og selvtillit.

De nådde til slutt trollmannens slott, som lå på toppen av et mørkt og skremmende fjell. Trollmannen ventet på dem, og han lo ondskapsfullt da han så Emil. "Tror du virkelig at en liten gutt kan stoppe meg?" hånte han.

Emil sto fast bestemt foran trollmannen. "Jeg er ikke redd for deg. Jeg vil beskytte denne skogen og alt som bor her," erklærte han.

Trollmannen kastet en kraftig forbannelse mot Emil, men Lila svevde foran ham og skapte et skjold med sin magi. "Emil, du må tro på deg selv og hatten din," hvisket hun.

Emil tok av seg hatten og holdt den foran seg. Han følte kraften i den strømme gjennom ham. Med et rop kastet han hatten mot trollmannen, og et blendende lys fylte rommet. Trollmannen skrek i smerte og forsvant i en sky av røyk.

Krystallen falt til bakken, og Emil plukket den opp. Lila smilte bredt. "Du klarte det, Emil! Du reddet skogen!"

De returnerte til den magiske skogen, hvor krystallen ble satt tilbake på sin rette plass. Skogen blomstret igjen, og alle feene danset av glede. Emil følte en enorm stolthet og lykke.

Da det var på tide å dra tilbake til sin egen verden, tok Emil farvel med Lila og alle de andre magiske skapningene. "Takk for alt, Emil," sa Lila. "Du vil alltid være en helt i våre hjerter."

Emil satte på seg hatten en siste gang, og med et blunk var han tilbake i det gamle, forfalne huset. Han satte hatten forsiktig tilbake på pidestallen og smilte for seg selv. Han visste at han hadde opplevd noe helt spesielt, og at han alltid ville huske eventyret i den magiske skogen.

The Magic Hat

Once upon a time, there was a boy named Emil. Emil was a curious and adventurous ten-year-old who loved to explore the forest around his house. One sunny day, he decided to go on a new adventure. With his backpack full of food and a water bottle, he set out on the path that led deep into the forest.

Emil wandered for hours, and eventually, he came to an area he had never seen before. In the middle of a clearing stood an old, dilapidated house. The door was ajar, and Emil felt immediately drawn to the mysterious place. He knew he shouldn't go inside, but his curiosity got the better of him.

He opened the door cautiously and stepped inside. The interior of the house was dark and dusty, but he could see something glowing in a corner. As he approached, he saw an old hat sitting on a pedestal. It was a black top hat with a wide brim and a shiny ribbon around it.

Emil reached out and picked up the hat. The moment he put it on his head, he felt a strange tingling sensation throughout his body. Suddenly, everything around him began to change. The furniture in the house turned into golden trees, the walls disappeared, and he found himself standing in the middle of a magical forest filled with shimmering lights and dancing fairies.

"Welcome to the Magic Forest!" he heard a voice say. He turned around and saw a small fairy with sparkling wings hovering in front of him. "My name is Lila. Who are you?"

"My name is Emil," he replied, still a bit bewildered by what had happened. "Where am I?"

"You are in a world created by the magic hat you are wearing," explained Lila. "This hat has the power to transport you to fantastic places and give you incredible experiences."

Emil could hardly believe what he was hearing. He felt both excited and a little scared at the same time. "What am I supposed to do here?"

"You have been chosen to be our protector," said Lila. "The Magic Forest is threatened by an evil wizard who wants to take all the magic for himself. We need your help to stop him."

Emil, who had always dreamed of being a hero, felt a surge of courage. "What do I have to do?" he asked.

Lila explained that the wizard had stolen the magic crystal that kept the forest in balance. Without the crystal, the forest would wither and die. "We must find the crystal and bring it back before it's too late."

Emil and Lila set off on a dangerous journey through the Magic Forest. They had to cross rivers, climb mountains, and avoid the wizard's evil creatures. Along the way, they faced many challenges, but with each challenge, Emil's courage and confidence grew.

They eventually reached the wizard's castle, which sat atop a dark and menacing mountain. The wizard was waiting for them, and he laughed wickedly when he saw Emil. "Do you really think a little boy can stop me?" he sneered.

Emil stood firm in front of the wizard. "I'm not afraid of you. I will protect this forest and everything that lives here," he declared.

The wizard cast a powerful curse at Emil, but Lila hovered in front of him and created a shield with her magic. "Emil, you must believe in yourself and your hat," she whispered.

Emil took off the hat and held it in front of him. He felt its power flow through him. With a shout, he threw the hat at the wizard, and a blinding light filled the room. The wizard screamed in pain and disappeared in a cloud of smoke.

The crystal fell to the ground, and Emil picked it up. Lila smiled broadly. "You did it, Emil! You saved the forest!"

They returned to the Magic Forest, where the crystal was placed back in its rightful spot. The forest bloomed again, and all the fairies danced with joy. Emil felt an immense pride and happiness.

When it was time to return to his own world, Emil said goodbye to Lila and all the other magical creatures. "Thank you for everything, Emil," said Lila. "You will always be a hero in our hearts."

Emil put on the hat one last time, and in the blink of an eye, he was back in the old, dilapidated house. He carefully placed the hat back on the pedestal and smiled to himself. He knew he had experienced something truly special and that he would always remember the adventure in the magic forest.

Kyllingdetektiven Klara og Den Forsvunne Diamanten

I en liten landsby ved navn Fjærvik, hvor høner og haner levde i fred og harmoni, bodde det en helt spesiell kylling ved navn Klara. Klara var ikke som de andre kyllingene. Mens de andre brukte dagene sine på å plukke korn og ruge egg, drømte Klara om å løse mysterier og oppklare forbrytelser. Hun var Fjærviks eneste kyllingdetektiv.

Klara hadde sitt eget lille detektivkontor i et hjørne av hønsehuset. Der hadde hun en stor forstørrelsesglass, en notisblokk og en samling av uoppklarte saker fra landsbyen. Hennes beste venn, en kylling ved navn Pip, hjalp henne med å samle informasjon og holde oversikt over alle ledetrådene.

En dag skjedde det noe dramatisk i Fjærvik. Den største og mest verdifulle diamanten i hele landsbyen, kjent som "Den Store Egget", var blitt stjålet fra museet. Alle kyllingene var i sjokk, og panikken spredte seg raskt. Borgermester Haneberg innkalte til et hastemøte.

"Vi må finne den skyldige og få tilbake diamanten!" sa Borgermester Haneberg bestemt. "Jeg stoler på at Klara, vår modige detektiv, kan løse denne saken."

Klara nikket alvorlig og tok oppgaven på strak vinge. Hun visste at det ikke ville bli lett, men hun var klar til å gjøre alt for å finne den forsvunne diamanten. Hun samlet Pip og dro til åstedet, museet, for å begynne etterforskningen.

På museet fant Klara og Pip flere interessante ledetråder. Først merket de at det var fjær på gulvet som ikke tilhørte noen av de lokale kyllingene. Klara plukket opp noen av fjærene og studerte dem nøye med forstørrelsesglasset sitt.

"Disse fjærene er ikke fra Fjærvik," sa Klara. "De er fra en fremmed fugl."

Neste ledetråd var en merkelig lukt i luften, som Pip kjente igjen fra sin tid på gården. "Det lukter som reveparfyme," sa Pip. "Men hvorfor ville en rev stjele en diamant?"

Klara tenkte seg om. "Det kan være at reven har noen medhjelpere. Vi må finne ut hvem som kan stå bak dette."

De bestemte seg for å besøke den gamle uglen Uglebert, som visste alt som skjedde i og rundt Fjærvik. Uglebert bodde i det høyeste treet i skogen, og han var kjent for sitt skarpe blikk og visdom. Klara og Pip fløy til Ugleberts tre og forklarte situasjonen.

"Ah, Den Store Egget," mumlet Uglebert mens han pekte på et gammelt kart. "Jeg har hørt rykter om en gruppe fugler som kaller seg 'Skyggefuglene'. De opererer i skjul og stjeler verdifulle gjenstander."

Klara og Pip takket Uglebert og dro for å finne Skyggefuglene. De fulgte ledetråder som førte dem til en mørk hule dypt inne i skogen. Inne i hulen fant de Skyggefuglene, ledet av en slu kråke ved navn Krister.

"Så, du tror du kan finne vår skjulte skatt?" lo Krister hånlig da han så Klara og Pip.

"Vi gir oss aldri," svarte Klara bestemt. "Vi vil ha tilbake diamanten."

Krister fniste og løftet en vinge, og avslørte en glitrende diamant under den. "Den Store Egget er vårt nå, og det er ingenting dere kan gjøre med det."

Men Klara hadde en plan. Hun hvisket til Pip, og Pip fløy opp og slo ned en lampe som hang fra taket. Lampen traff bakken med et brak, og Krister og hans medhjelpere ble midlertidig blendet av det sterke lyset. Klara så sitt snitt til å snappe diamanten fra Kristers vinge.

Med diamanten i kloen fløy Klara og Pip ut av hulen og tilbake til Fjærvik. De ble mottatt som helter av landsbyens kyllinger. Borgermester Haneberg kunne ikke vært mer stolt.

"Klara, du har reddet vår kjære diamant," sa Borgermester Haneberg med en stolt stemme. "Du er virkelig vår beste detektiv."

Klara smilte beskjedent. "Det var en laginnsats. Jeg kunne ikke gjort det uten Pip."

Diamanten ble satt tilbake på sin plass i museet, og roen ble gjenopprettet i Fjærvik. Klara og Pip fortsatte å løse mysterier, og de visste at så lenge de jobbet sammen, kunne de klare hva som helst.

Og så, med solen som gikk ned over landsbyen, satt Klara og Pip sammen og drømte om nye eventyr og mysterier som ventet. For de visste at så lenge det fantes mysterier å løse, ville kyllingdetektiven Klara alltid være klar for nye utfordringer.

Clara the Chicken Detective and the Missing Diamond

In a small village called Featherwick, where hens and roosters lived in peace and harmony, there was a very special chicken named Clara. Clara was not like the other chickens. While they spent their days pecking at grain and laying eggs, Clara dreamed of solving mysteries and catching criminals. She was Featherwick's only chicken detective.

Clara had her own little detective office in a corner of the henhouse. There, she had a large magnifying glass, a notebook, and a collection of unsolved cases from the village. Her best friend, a chicken named Pip, helped her gather information and keep track of all the clues.

One day, something dramatic happened in Featherwick. The largest and most valuable diamond in the entire village, known as "The Great Egg," had been stolen from the museum. All the chickens were in shock, and panic spread quickly. Mayor Roosterberg called an emergency meeting.

"We must find the culprit and get the diamond back!" said Mayor Roosterberg firmly. "I trust that Clara, our brave detective, can solve this case."

Clara nodded seriously and took the assignment on her wings. She knew it wouldn't be easy, but she was ready to do everything to find the missing diamond. She gathered Pip and went to the crime scene, the museum, to begin the investigation.

At the museum, Clara and Pip found several interesting clues. First, they noticed feathers on the floor that didn't belong to any of the local chickens. Clara picked up some of the feathers and studied them closely with her magnifying glass.

"These feathers are not from Featherwick," said Clara. "They are from a foreign bird."

The next clue was a strange smell in the air, which Pip recognized from his time on the farm. "It smells like fox perfume," said Pip. "But why would a fox steal a diamond?"

Clara thought about it. "The fox might have some accomplices. We need to find out who could be behind this."

They decided to visit the old owl, Owlbert, who knew everything that happened in and around Featherwick. Owlbert lived in the tallest tree in the forest, and he was known for his sharp eyes and wisdom. Clara and Pip flew to Owlbert's tree and explained the situation.

"Ah, The Great Egg," mumbled Owlbert as he pointed to an old map. "I've heard rumors about a group of birds called 'The Shadow Birds.' They operate in secret and steal valuable items."

Clara and Pip thanked Owlbert and set out to find The Shadow Birds. They followed clues that led them to a dark cave deep in the forest. Inside the cave, they found The Shadow Birds, led by a cunning crow named Crowley.

"So, you think you can find our hidden treasure?" Crowley sneered as he saw Clara and Pip.

"We never give up," replied Clara determinedly. "We want the diamond back."

Crowley snickered and lifted a wing, revealing a sparkling diamond beneath it. "The Great Egg is ours now, and there's nothing you can do about it."

But Clara had a plan. She whispered to Pip, and Pip flew up and knocked down a lamp that hung from the ceiling. The lamp hit the ground with a crash, and Crowley and his accomplices were temporarily blinded by the bright light. Clara saw her chance to snatch the diamond from Crowley's wing.

With the diamond in her claw, Clara and Pip flew out of the cave and back to Featherwick. They were greeted as heroes by the village's chickens. Mayor Roosterberg couldn't have been prouder.

"Clara, you have saved our dear diamond," said Mayor Roosterberg with a proud voice. "You are truly our best detective."

Clara smiled modestly. "It was a team effort. I couldn't have done it without Pip."

The diamond was placed back in its spot in the museum, and peace was restored in Featherwick. Clara and Pip continued to solve mysteries, and they knew that as long as they worked together, they could achieve anything.

And so, with the sun setting over the village, Clara and Pip sat together and dreamed of new adventures and mysteries that awaited. For they knew that as long as there were mysteries to solve, Clara the Chicken Detective would always be ready for new challenges.

Enhjørningen Unni og Det Glemte Riket

Det var en gang i en fargerik skog, langt borte fra menneskers øyne, en ung enhjørning ved navn Unni. Unni var ikke som de andre enhjørningene; hun var eventyrlysten og hadde en livlig fantasi. Mens de andre enhjørningene brukte dagene sine på å beite på blomsterenger og leke i elvene, drømte Unni om å oppdage nye steder og løse gamle mysterier.

En dag, mens Unni galopperte gjennom skogen, snublet hun over en gammel bok som lå skjult under et tykt lag med mose. På forsiden av boken sto det skrevet: "Det Glemte Riket." Nysgjerrig som hun var, åpnet Unni boken og begynte å lese.

Boken fortalte historien om et tapt rike, en gang fylt med magi og skjønnhet, men nå forsvunnet og glemt av alle. Riket hadde blitt gjemt bort av en mektig trollmann, og ingen visste hvordan man kunne finne det igjen. Unni ble umiddelbart fengslet av historien og bestemte seg for at hun skulle finne det glemte riket og bringe magien tilbake.

Med boken trygt plassert i salen sin, satte Unni ut på sitt store eventyr. Hun visste at det ville bli en lang og farlig reise, men hennes mot og besluttsomhet drev henne fremover. Hun møtte mange utfordringer på veien, fra mørke huler fulle av edderkopper til dype elver som hun måtte krysse.

En kveld, mens hun hvilte ved et lite bål, hørte hun en svak hvisking i vinden. Det var som om skogen selv prøvde å fortelle henne noe. Unni lyttet nøye og fulgte lyden som ledet henne til en skjult sti, overgrodd av tett vegetasjon. Hun brukte sitt magiske horn til å lyse opp stien og fulgte den inn i mørket.

Stien førte henne til en stor, gammel eik med et hult hjerte. Inne i treet fant Unni en eldgammel portal, dekket av mystiske runer. Hun visste at dette måtte være inngangen til det glemte riket. Med et dypt pust trådte hun gjennom portalen og fant seg selv i en helt ny verden.

Det glemte riket var enda vakrere enn Unni kunne ha forestilt seg. Fargene var mer intense, og luften var fylt med magiske dufter. Men riket var ikke helt slik som boken hadde beskrevet; det var mørkt og stille, som om all magien hadde forlatt det.

Unni vandret gjennom riket og møtte mange vesener som en gang hadde vært fulle av liv, men nå var triste og desillusjonerte. Hun visste at hun måtte finne trollmannen som hadde forhekset riket og få ham til å oppheve forhekselsen. Med sin nye besluttsomhet satte hun ut for å finne trollmannen.

Etter mange dager og netter med leting fant Unni endelig trollmannens tårn, som lå på toppen av en bratt fjellside. Hun klatret opp fjellet og kom til en stor, tunge dør. Med sitt magiske horn banket hun på døren, og den åpnet seg med en knirk.

Trollmannen, som het Magnus, var en gammel og gråhåret mann med dype rynker og et blikk fylt med visdom. Han så på Unni med en blanding av overraskelse og beundring.

"Hva bringer en ung enhjørning til mitt tårn?" spurte Magnus med en myk, men autoritativ stemme.

"Jeg har kommet for å be deg oppheve forhekselsen over det glemte riket," svarte Unni modig. "Folket der trenger sin magi tilbake."

Magnus smilte trist. "Jeg forhekset riket for å beskytte det mot mørke krefter som truet med å ødelegge det. Men jeg ser nå at tiden er inne for å gi magien tilbake."

Med en enkel bevegelse av hånden sin, opphevet Magnus forhekselsen, og riket begynte å glitre og skinne igjen. Fargene ble levende, og magien strømmet tilbake til hver krok og krik. Vesener som en gang hadde vært triste, smilte nå og danset av glede.

Unni følte en stor tilfredshet da hun så riket komme tilbake til livet. Hun visste at hennes reise hadde vært verdt det, og at hun hadde gjort en forskjell.

"Du har et modig hjerte, Unni," sa Magnus. "Du har vist at selv de minste kan gjøre de største forskjellene. Riket skylder deg en stor takk."

Unni bøyde hodet beskjedent. "Jeg gjorde bare det som var rett."

Med sin oppgave fullført, vendte Unni tilbake til sin egen skog, hvor hun ble hilst som en helt av de andre enhjørningene. Hun hadde bevist at mot og besluttsomhet kunne overvinne alle hindringer.

Og så, med solnedgangen som malte himmelen i de vakreste farger, drømte Unni om nye eventyr og mysterier som ventet på å bli oppdaget. For hun visste at så lenge det fantes eventyr å oppleve, ville hun alltid være klar for nye utfordringer.

Unni the Unicorn and the Forgotten Kingdom

Once upon a time, in a colorful forest far away from human eyes, lived a young unicorn named Unni. Unni was not like the other unicorns; she was adventurous and had a vivid imagination. While the other unicorns spent their days grazing in flower meadows and playing in the rivers, Unni dreamed of discovering new places and solving ancient mysteries.

One day, as Unni galloped through the forest, she stumbled upon an old book hidden under a thick layer of moss. On the cover of the book, it was written: "The Forgotten Kingdom." Curious as she was, Unni opened the book and began to read.

The book told the story of a lost kingdom, once filled with magic and beauty, but now vanished and forgotten by all. The kingdom had been hidden away by a powerful wizard, and no one knew how to find it again. Unni was immediately captivated by the story and decided that she would find the forgotten kingdom and bring the magic back.

With the book safely placed in her saddle, Unni set out on her great adventure. She knew it would be a long and dangerous journey, but her courage and determination drove her forward. She faced many challenges along the way, from dark caves full of spiders to deep rivers she had to cross.

One evening, as she rested by a small fire, she heard a faint whisper in the wind. It was as if the forest itself was trying to tell her something. Unni listened carefully and followed the sound that led her to a hidden path, overgrown with thick vegetation. She used her magical horn to light up the path and followed it into the darkness.

The path led her to a large, ancient oak with a hollow heart. Inside the tree, Unni found an ancient portal covered with mysterious runes. She knew this must be the entrance to the forgotten kingdom. With a deep breath, she stepped through the portal and found herself in a whole new world.

The forgotten kingdom was even more beautiful than Unni could have imagined. The colors were more intense, and the air was filled with magical scents. But the kingdom was not quite as the book had described; it was dark and quiet, as if all the magic had left it.

Unni wandered through the kingdom and met many creatures that had once been full of life but were now sad and disillusioned. She knew she had to find the wizard who had enchanted the kingdom and get him to break the spell. With her new determination, she set out to find the wizard.

After many days and nights of searching, Unni finally found the wizard's tower, which lay atop a steep mountainside. She climbed the mountain and came to a large, heavy door. With her magical horn, she knocked on the door, and it opened with a creak.

The wizard, named Magnus, was an old, gray-haired man with deep wrinkles and eyes filled with wisdom. He looked at Unni with a mix of surprise and admiration.

"What brings a young unicorn to my tower?" asked Magnus with a soft yet authoritative voice.

"I have come to ask you to break the spell over the forgotten kingdom," replied Unni bravely. "The people there need their magic back."

Magnus smiled sadly. "I enchanted the kingdom to protect it from dark forces that threatened to destroy it. But I see now that the time has come to return the magic."

With a simple wave of his hand, Magnus broke the spell, and the kingdom began to sparkle and shine again. The colors became vibrant, and the magic flowed back into every nook and cranny. Creatures that had once been sad now smiled and danced with joy.

Unni felt a great sense of satisfaction as she saw the kingdom come back to life. She knew her journey had been worth it and that she had made a difference.

"You have a brave heart, Unni," said Magnus. "You have shown that even the smallest can make the biggest differences. The kingdom owes you a great debt."

Unni bowed her head modestly. "I just did what was right."

With her task completed, Unni returned to her own forest, where she was greeted as a hero by the other unicorns. She had proven that courage and determination could overcome any obstacle.

And so, with the sunset painting the sky in the most beautiful colors, Unni dreamed of new adventures and mysteries waiting to be discovered. For she knew that as long as there were adventures to be had, she would always be ready for new challenges.

Løven Leo og Den Mystiske Skatten

L øven Leo var ikke som de andre løvene i savannen. Mens de andre løvene tilbrakte dagene sine med å sove under trærne eller jage byttedyr, drømte Leo om eventyr. Han elsket å høre historier fra de eldre dyrene, historier om gamle skatter og mystiske steder. Leo hadde et hjerte fylt med mot og et sinn fylt med nysgjerrighet.

En dag, mens Leo vandret rundt i utkanten av savannen, snublet han over en gammel, støvete kiste. Den var delvis begravet i sanden, og Leo kunne knapt tro sine egne øyne. Han brukte potene sine for å grave kisten fri og åpnet den med et dypt brøl av spenning. Inni kisten lå et gammelt kart, gulnet av tidens tann.

Kartet viste veien til en mystisk skatt som skulle være skjult i en fjern del av jungelen. Uten å nøle bestemte Leo seg for å følge kartet og finne skatten. Han visste at det ville bli en lang og farlig reise, men hans eventyrlyst drev ham fremover.

Leo startet sin reise tidlig neste morgen. Han vandret gjennom den varme savannen, krysset brede elver og klatret opp bratte fjell. Underveis møtte han mange forskjellige dyr, noen vennlige og noen ikke fullt så vennlige. Hver av dem ga ham råd eller advarsler om farene som lå foran ham.

På den tredje dagen av sin reise, kom Leo til en tett og mørk jungel. Trærne var så høye at de blokkerte solen, og lydene av ukjente dyr fylte luften. Leo kjente et snev av frykt, men han fortsatte fremover, bestemt på å finne skatten.

Mens han vandret dypere inn i jungelen, støtte han på en gammel skilpadde ved navn Torkel. Torkel var vis og hadde levd i jungelen hele sitt liv. Han visste om mange hemmeligheter og farer som jungelen skjulte.

"Jeg ser at du er på jakt etter noe, unge løve," sa Torkel med en rolig stemme. "Hva bringer deg hit til denne mørke delen av jungelen?"

"Jeg leter etter en mystisk skatt," svarte Leo modig. "Et gammelt kart førte meg hit, og jeg er bestemt på å finne den."

Torkel nikket sakte. "Skatten du søker er godt gjemt og beskyttet av mange farer. Men hvis ditt hjerte er rent og dine intensjoner gode, vil du finne veien."

Torkel ga Leo noen kloke råd om hvordan han skulle navigere gjennom jungelen og unngå farene som ventet. Med Torkels veiledning følte Leo seg mer forberedt og fortsatte sin reise.

Etter mange timers vandring kom Leo til en stor, krystallklar innsjø midt i jungelen. Midt i innsjøen var det en liten øy, og på øya sto det en stor, skinnende statue av en løve – nøyaktig slik kartet hadde beskrevet. Leo visste at skatten måtte være skjult et sted på denne øya.

Han svømte over innsjøen og begynte å lete rundt statuen. Etter noen minutter fant han en skjult dør i sokkelen av statuen. Med spente poter åpnet han døren og gikk inn. Inne i statuen fant han en annen kiste, denne gangen fylt med glitrende gullmynter og juveler.

Leo kunne knapt tro sine egne øyne. Han hadde funnet skatten! Men mens han sto der og beundret skatten, innså han noe viktig. Denne skatten tilhørte jungelen, og den burde bli værende her, beskyttet for alltid.

Med en følelse av ro og tilfredshet lukket Leo kisten og forlot statuen. Han visste nå at det største eventyret ikke nødvendigvis var å finne skatten, men reisen og lærdommene underveis. Han vendte tilbake til savannen som en klokere og mer ydmyk løve, klar for nye eventyr og oppdagelser.

Løven Leo ble snart kjent som savannens mest modige og kloke eventyrer. Han fortsatte å utforske og oppdage nye steder, alltid med hjertet fylt av mot og nysgjerrighet. Og hver kveld, mens solen gikk ned, delte han sine historier med de andre dyrene, inspirerte dem til å følge sine egne drømmer og eventyr.

For Leo visste at så lenge det fantes mysterier og skatter å oppdage, ville han alltid være klar for nye utfordringer.

Leo the Lion and the Mysterious Treasure

Leo the Lion was not like the other lions in the savannah. While the other lions spent their days sleeping under trees or chasing prey, Leo dreamed of adventures. He loved listening to stories from the older animals, tales of ancient treasures and mysterious places. Leo had a heart full of courage and a mind full of curiosity.

One day, as Leo wandered around the outskirts of the savannah, he stumbled upon an old, dusty chest. It was partially buried in the sand, and Leo could hardly believe his eyes. He used his paws to dig the chest free and opened it with a deep roar of excitement. Inside the chest lay an old map, yellowed by time.

The map showed the way to a mysterious treasure hidden in a distant part of the jungle. Without hesitation, Leo decided to follow the map and find the treasure. He knew it would be a long and dangerous journey, but his adventurous spirit drove him forward.

Leo began his journey early the next morning. He wandered through the hot savannah, crossed wide rivers, and climbed steep mountains. Along the way, he met many different animals, some friendly and some not so friendly. Each gave him advice or warnings about the dangers ahead.

On the third day of his journey, Leo reached a dense and dark jungle. The trees were so tall they blocked the sun, and the sounds of unknown animals filled the air. Leo felt a twinge of fear, but he pressed on, determined to find the treasure.

As he ventured deeper into the jungle, he encountered an old tortoise named Torkel. Torkel was wise and had lived in the jungle all his life. He knew many secrets and dangers that the jungle concealed.

"I see you are searching for something, young lion," Torkel said calmly. "What brings you to this dark part of the jungle?"

"I am looking for a mysterious treasure," Leo replied bravely. "An old map led me here, and I am determined to find it."

Torkel nodded slowly. "The treasure you seek is well hidden and protected by many dangers. But if your heart is pure and your intentions are good, you will find the way."

Torkel gave Leo some wise advice on how to navigate through the jungle and avoid the dangers that lay ahead. With Torkel's guidance, Leo felt more prepared and continued his journey.

After many hours of walking, Leo arrived at a large, crystal-clear lake in the middle of the jungle. In the center of the lake was a small island, and on the island stood a large, shimmering statue of a lion – exactly as the map had described. Leo knew the treasure must be hidden somewhere on this island.

He swam across the lake and began searching around the statue. After a few minutes, he found a hidden door in the base of the statue. With excited paws, he opened the door and went inside.

Inside the statue, he found another chest, this time filled with sparkling gold coins and jewels.

Leo could hardly believe his eyes. He had found the treasure! But as he stood there admiring the treasure, he realized something important. This treasure belonged to the jungle and should remain here, protected forever.

With a sense of peace and satisfaction, Leo closed the chest and left the statue. He now knew that the greatest adventure was not necessarily finding the treasure, but the journey and the lessons learned along the way. He returned to the savannah as a wiser and more humble lion, ready for new adventures and discoveries.

Leo the Lion soon became known as the savannah's most brave and wise adventurer. He continued to explore and discover new places, always with a heart full of courage and curiosity. And every evening, as the sun set, he shared his stories with the other animals, inspiring them to follow their own dreams and adventures.

For Leo knew that as long as there were mysteries and treasures to discover, he would always be ready for new challenges.

www.ingramcontent.com/pod-product-compliance
Lightning Source LLC
Chambersburg PA
CBHW061638130726
47996CB00003B/1346